THE DRUNKENNESS OF GOD
EBRIEDAD DE DIOS

Luis Armenta Malpica

Translation/Traducción

Lawrence Schimel

Colección: Las Lenguas de Babel

© Luis Armenta Malpica, 2015
© Translation: Lawrence Schimel, 2015
© Libros Medio Siglo, 2015

ISBN 13: 978-0-9864497-3-4
ISBN 10: 0-9864497-3-3

All rights reserved. This book or any portion thereof may not be reproduced or used in any manner whatsoever without the express written permission of the publisher except for the use of brief quotations in a book review.

First Printing 2015

Cover Design/Diseño de portada: Ismael Aguilar
Original Drawing/Dibujo Original: Ismael Aguilar
agruismael@gmail.com

This publication was made possible with the help of the Translation Support Program (PROTRAD) dependent of Mexican cultural institutions.

Esta publicación fue realizada con el estímulo del Programa de Apoyo a la Traducción (PROTRAD) dependiente de instituciones culturales mexicanas.

www.librosmediosiglo.org
mediosigloeditorial@gmail.com

Ordering Information:
Quantity sales. Special discounts are available on quantity purchases by corporations, associations, and others. For details, contact the publisher at
librosmediosiglo@gmail.com
(956) 577-3093
Harlingen, Texas
USA

PRINTED IN THE UNITED STATES OF AMERICA
IMPRESO EN ESTADOS UNIDOS DE AMÉRICA

*To Patricia Medina, teacher and friend,
because among her vines I found my pages.*

*A Patricia Medina, maestra y amiga,
porque entre sus vides encontré mis páginas.*

The Drunkenness of God
Bilingual Edition

*The apples are bitter and the wine ferments
in the stomach...*

*Las manzanas son agrias y el vino se fermenta
en el estómago...*

Silvia Tomasa Rivera

1

Uno vuelve, siempre, a los viejos sitios donde amó la vida.
Armando Pérez Tejada

Esa lenta tristeza del recuerdo
se nos va desdoblando por la cara.
Y en lugar de los ojos
se humedecen dos profundas hogueras
en donde alguna vez frotamos nuestras manos
con las de un ser querido.

Entonces el amor era un barril de pólvora.
Una mecha muy corta nos unía.

Nuestra casa era un papel periódico
con un asombro nuevo en las noticias.
Pero llegó la lluvia y sus relámpagos.
Las hojas de la casa no fueron suficientes
para formar un barco que nos sacara a flote.

Intenté resistir escribiendo en las hojas
nuestra casa quemada.
Naufragué por mis dedos.

Luego encontré en el vino las múltiples razones
para escapar de todo:
de mi madre y mis hijas, de ti
mi propia sombra.
Era increíble ver que en un vaso cupieran
la luz que yo buscaba y el fondo inacabable
de lo que yo no quise.

1

One returns, always, to the old places where one loved life.
                                        Armando Pérez Tejada

That slow sadness of memory
is unfolding in our faces.
And in place of eyes
two deep bonfires grow damp
where once we rubbed our hands
against those of a beloved.

Then, love was a barrel of gunpowder.
A very short fuse joined us.

Our home was a sheet of newspaper
recounting a new tragedy.
But the rain came with its lightning.
There weren't enough leaves of the house
to make a ship to keep us afloat.

I tried to resist writing on the pages
our burnt house.
I drowned because of my fingers.

Later I found in wine the many reasons
to escape from everything:
from my mother and my daughters, from you
my own shadow.
It was incredible that in a glass fit
the light I searched for and the un-ending depths
of what I did not want.

Me alejé de la lumbre
para hallar en los hielos que enfriaban mis angustias
un barrio conocido.
Allí, dueña de las paredes, las sábanas del vino me negaban los cláxones
el timbre del teléfono
el puño que golpeaba
mi nombre por la puerta: el contacto
caliente con el piso.

Yo sólo pedía tiempo, no a Dios.
Le pedí alguna calle, otra lepra en un vaso
otra memoria.

Me fui acabando entera
sin terminar el vaso —tan lleno— de mi vida.
Lenta, en verdad, la vida
a pesar del galope del inicio.
Apuro lo que bebo
y no se acaba
al contrario: es más lo que
me culpa.

Cada uno se despide del mundo
como puede...
Yo pretendo el sigilo, para no avergonzarme
de no enfrentar los ojos de los tantos que me aman.
El vino es otra herida
inflamatoria
para que el hombre sepa de la muerte.

Sin embargo, cuando empiezo a morirme
Dios hace mucho ruido

I drew away from the brightness
to discover in the ice that chilled my worries
a familiar neighborhood.
There, owner of the walls, the sheets of wine
denied me the honking horns,
the telephone's ring,
the fist that beat
my name out on the door: the hot
contact with the floor.

I only asked for time, not for God.
I asked for some street, another sickness in a glass,
another memory.

I consumed myself completely
without finishing the glass (so full) of my life.
Slow, in fact, life
despite the gallop of the beginning.
I drink up what I drink
and it doesn't end,
on the contrary: it's vaster,
what blames me.

Everyone bids farewell to the world
as best they can...
I try stealth, so as not to shame myself
by not looking in the eyes of the many who love me.
Wine is another inflammatory
wound
so that man might learn of death.

However, when I begin to die
God makes a ruckus

y me despierta.
Y en lugar de ir a la cocina por un vaso voy a la
habitación de mis tres hijas
para mirar si duermen...
   y besarlas
        si puedo.

and I wake up.
And instead of going into the kitchen for a glass
I go to the bedroom of my three daughters
to check if they are sleeping...
    and to kiss them
             if I can.

2

De niña me enseñaron que yo era una manzana;
los hombres, el cuchillo.
Las mujeres debíamos conseguir que nos pelaran
se hundieran hasta el mango en nuestra carne
y le dieran salida a las semillas.

Ya en espiral
—con nuestra piel deforme, oscura por el tiempo—
el amor podía ser algún mordisco
un apretar los dientes
y ser mujer
callando...

Pero yo no callaba... me decía
en los poemas.

A golpes —como aprendió su madre—
fue lección de mi madre: la cocina es el mundo
de la mujer que calla.
Entre especias, vinagres y embutidos
esa dulce manzana de mi vida
se llenó de gusanos.

 No callaba: mis hijas me costaron
cuando menos, un grito.

El amor, esa lata carísima
se quedó en la alacena.

2

As a young girl they taught me that I was
an apple; men, the knife.
Women needed to get them to peel us,
to sink themselves fully in our flesh
and give an outlet for the seed.

Already in a spiral
(with our skin misshapen, dark with time)
love could be some bite,
a clenching of the teeth,
and to be a woman
meant keeping silent...

But I no longer kept quiet... I told myself
in the poems.

With blows (as her mother learned)
was my mother's lesson: the kitchen is the world
of the woman who falls quiet.
Among spices, vinegars and sausages,
that sweet apple of my life
filled up with worms.

I did not keep quiet: my daughters cost me
at the least, a shout.

Love, that so-expensive can,
remained in the cupboard.

Un día, por buscarle acomodo al aguardiente
lo tiré a la basura.

Sé lo que hacen los lazos en todas las mujeres
aunque sean familiares.
Al encender el horno
    (¡ay, Sylvia Plath, te envidio!)
al picar la cebolla, lo recuerdo...
Las profundas estrías de la garganta son
mi paso
de Dios a la intemperie.

Perdí mi casa
cuando llegó el alcohol como el mesías.
Después perdí a mis hijas, una a una.
Pero rezaba, así, como callando:
Señor, ésta es tu sangre...

Tu madre se nos muere, les digo a mis tres hijas
luego de cada sorbo.
Ellas tan sólo lloran, muy quedito
como diciendo: ¿Cuándo!

One day, looking to find space for the liquor,
I threw it in the trash.

I know what ties do in all women,
even family ones.
On lighting the oven
      (Oh, Sylvia Plath, I envy you!)
on chopping onions, I remember...
The throat's deep grooves are
my passage
from God into the storm.

I lost my house
when alcohol came like the Messiah.
Later I lost my daughters, one by one.
But I prayed, like this, like falling silent:
Lord, this is your blood....

Your mother is dying on us, I tell my three daughters
after each sip.
They only cry, very softly,
like asking: When?

3

Jamás voy sola a misa;
me llevo los pecados de mi esposo y su esposa,
uno o dos de mis hijas,
alguno de mi hermano
todos los de mi madre...
hasta llenar el bolso que hace juego conmigo.

Y Dios, distante y sin moverse
parece consternado ante mis confesiones.

Rezo en latín
     —como hacen las mujeres pecadoras—
y en español castizo, un sacerdote
(sin mirarme a los ojos)
me da por penitencia un par de avemarías
que lanzo, pronta, al vuelo.

En casa
sin bolso ni tacones
me sirvo alguna copa de aguardiente
y observo largo rato un crucifijo.

Y sé que a Dios tampoco le hace gracia
el que vivamos juntos.

3

I never go alone to mass;
I bring with me the sins of my husband
and his wife, one or two
from my daughters, some from my brother,
all of my mother's...
until I fill up the purse that matches my outfit.

And God, distant and unmoving,
seems consternated before my confessions.

I pray in Latin
    (like sinful women do)
and in authentic Spanish, a priest
    (without looking into my eyes)
gives me a pair of Hail Mary's as penance,
which I toss off, quickly, into the wind.

At home,
without purse nor heels,
I serve myself a cup of hard liquor
and I stare for a long while at a crucifix.

And I know that God isn't amused either
that we live together.

4

He visto a Dios de frente. Recién bajó de su
    motopatrulla
luego de haber multado a quienes conducían
    su existencia a una velocidad que se cree peligrosa
para el resto del mundo.
Usaba el uniforme gris oscuro de ciertos militares
    de alto rango
henchido de galones y esa imponente cruz al mérito
    en batalla.

Lo pude ver en Auschwitz, a cargo de una hilera de
    mujeres desnudas
voz y labios resecos, los cabellos al rape, unidas
    con grilletes.
Sus ojos, moribundos, bien podrían ser mis ojos:
una pobre creyente, tan sola y humillada ante ese
    Dios enorme que la observa.

[La iglesia es otro campo de exterminio.]

Cuando apenas buscaba mis papeles
—acaso algún permiso de poeta—
el recio militar se descalzó las botas
arrancó sus medallas

la enorme cruz del pecho, el uniforme...
Se mostró así, desnudo, con el cabello al rape
como lo imaginaba cuando niña.
Bebió un poco de vino de mis ojos
y después subió al cielo.

También he visto al hombre.
Sus ojos, como alambres, custodian
segundo tras segundo, mi celda
de pellejo.

4

I have seen God face. Recently dismounted from his
    patrol scooter
after having given a fine to those who drove
their existence at a speed that was thought to be dangerous
    for the rest of the world.
He wore the dark grey uniform of certain high-ranking
    military   men,
decorated with stripes and that imposing cross of merit
    in battle.

I could see him in Auschwitz, in charge of a row of
    naked   women,
voices and lips chapped, their hair shorn, shackled
    together.
Their eyes, moribund, could well be my own:
a poor believer, so alone and humble before that
        enormous God who observes her.

{The Church is another concentration camp.}

When I'd barely searched for my papers
       (perhaps some poetic license)
the sober military man took off his boots,
tore off his medals,

the enormous cross on his chest, the uniform...
He revealed himself like that, naked, with his hair cropped
like I imagined when I was a girl.
He drank a little of the wine of my eyes
and then ascended up to heaven.

I have also seen man.
His eyes, like wires, keep guard,
second after second, over my cell
of flesh.

5

Beber
es regresar a la neblina
al vientre apolillado de mi padre
al origen del mosto.

Allí mis lentos pies desnudos retumbaban
muy grandes cada paso.
Todo un andar de viñedo a barrica, cava, aorta;
siempre menos mi piel
y más sus dedos.

Estuve atada a golpes con mi padre.
Sin que nadie supiera, él me nombraba suya; yo
lo nombraba todo.
Qué de palabras se quedaron pendientes de una soga
lavadas y exprimidas.
Qué de pinzas hicieron de mis párpados
un húmedo y muy frágil tendedero.

Cortina tras ventana, mi madre vigiló
que mi vocabulario excluyera palabras amorosas.
Todavía las pronuncio
y el recuerdo del jabón de lejía hace un poco
de espuma por mi lengua.

Pero fui descubriendo que el jabón de lejía
no hace espuma en el vino.

Ni hace espuma la muerte.

5

To drink
is to return to the mist,
to my father's moth-eaten belly,
to the origin of the must.

There, my slow bare feet resound
very large with each step.
Quite a walk from vineyard to cask, wine-cellar, aorta;
always less my skin
and plus his fingers.

I was tied by blows to my father.
Without anyone knowing, he named me his; I
named everything else.
So many words remained dangling from a noose,
washed and pressed.
So many clothespins made from my eyelids
a damp and fragile laundry line.

Curtain behind window, my mother insured
that my vocabulary excluded amorous words.
Even today, when I say them
the memory of lye soap creates a bit
of froth on my tongue.

But I soon discovered that lye soap
doesn't lather in wine.

Nor does death froth.

6

Fue por el vino que descubrí mi cuerpo:
un pan ázimo, duro.

Igual conocí el horno
y el posible suicidio.

El pan quedó quemado
pero yo estaba cruda.

Perseguí mis migajas como si fuera Gretel
y el bosque tan enorme... y yo con tanto frío.

Envejecí en palomas
afuera de los templos.

Cuántos panes tan lejos de mis manos
para mis otras aves.

Entonces apareció mi madre en la cocina
con sus nuevas recetas
con esa lista inmensa de lo que me hacía daño...
Un tantito de alcohol o levadura la enervaban.
Mi madre: siempre un tuétano al horno
sin suficiente jugo.

Nada más los limones
de los pequeños y agrios, permitía de aderezo.
Lo demás era gula; y la gula, pecado.

6

It was because of wine that I discovered my body:
an unleavened bread, hard.

Simultaneously I met the oven
and possible suicide.

The bread was burned
but I was raw.

I followed my breadcrumbs as if I were Gretel
and the forest so enormous... and I so cold.

I aged in pigeons
outside the temples.

So many loaves so far from my hands
for my other birds.

Then my mother appeared in the kitchen
with her new recipes,
with that enormous list of what hurt me...
A little sip of alcohol or yeast set her on edge.
My mother: always a marrow bone roasting
without enough juice.

Only lemons
(the small, bitter ones) allowed as dressing.
Everything else was gluttony; and gluttony was sin.

Precocimos el pan, hirvió el atole.
Entre tés y remedios conservamos un cuerpo
saludable, ¿para quién?

Cuando guardo silencio, una manzana entera
oprimo entre mis dientes.

¿Qué me dio de comer desde pequeña
que hoy todo me hace daño?

We pre-cooked the bread, boiled the atole.
With teas and remedies we kept a healthy
body, for whom?

When I keep silence, I bite down on
an entire apple between my teeth.

What did she feed me as a child
that everything hurts me today?

7

Me digo adiós todas las noches
—el día es mujer—
y el agua de la lluvia
no me hace tan ligera como el vino.

El mundo es un arroyo en donde humedecieron
sus pezuñas las bestias fugitivas.

Animal enjaulado, mi corazón
vigila que mi cuerpo no escape hacia los sueños.

Si un cervatillo abreva de su madre
su corazón es tierno, azucarado
con un olor a especias
y un gemido animal que se agazapa.

¿Qué esperamos?, ¿caer entre un fusil que ruge
y algún batir de plumas?

El silencio... en silencio.

Postrada entre unas rocas, la cierva madre
          (rumiante igual que yo)
intuye, siente, sufre

7

I tell myself goodbye every night
    (the day is woman)
and the water from the rain
doesn't make me as light as wine.

The world is an arroyo in which
the fugitive beasts dampened their hooves.

A caged animal, my heart
keeps vigil so that my body doesn't escape toward dreams

If a fawn nurses from its mother,
its heart is tender, sweetened
with a scent of spices
and a lingering animal whimper.

What do we hope for? To fall between a bellowing rifle
and some fluttering of feathers?

The silence... in silence.

Prostrated among some rocks, the mother doe
    (ruminant, just like I am)
intuits, feels, suffers,

desgañita por fin un rojo
río de leche.

Antes del nuevo día, un cervatillo
corre por mis venas.

Brindo al hombre que amé
mi propia caza.

screams until hoarse, at last a red
river of milk.

Before the new day, a fawn
runs through my veins.

I toast the man who I loved,
my own wild game.

8

Estuvimos a un grito de la muerte
mordiéndonos la piel, lamiendo nuestras almas
vociferando a golpes las caricias, el deseo, no más
incontenible, de encontrar en el tacto
nuestras huellas.

Y de nuevo la sed, el hambre de tu boca
el asfalto mil veces recorrido de tus hombros
ese pueblo fantasma bajo el pecho
aquella mata oscura donde el bosque, de pinos
y eucaliptos, forma un claro.

He de nombrar el claro para que adquiera luz
ante mi vista: adormecida
y larga, animal en desahucio
qué vi que ya no conociera o nunca fuera mío.

Cómo ver al amante, si en sus ojos
hay un deseo inmediato de beberse
hundirse en el licor de una hemorragia
perfumar sus gargantas de promesas y después
si al reventar de oscura la noche lo permito
dormir la una en el otro
satisfechos.

He de nombrar ese árbol en el que hice mi casa:
esplendecía sus flores completamente abiertas.
El olor a eucalipto, su esperma
al rojo sangre, era
de tal resina
que mojaba las hojas y los nudos
descubriendo a los pájaros
el silo pantanoso.

8

We were one shout away from death,
biting one another's skin, licking our souls,
shouting out our caresses, the desire (no longer
uncontainable) of finding in touch
our own fingerprints.

And again the thirst, the hunger of your mouth,
the asphalt (traveled a thousand times) of your
that ghost town beneath the chest,   [shoulders
the dark tangle where the forest, of pines
and eucalyptus trees, forms a clearing.

I must name the clearing so that it takes on light
before my vision: drowsy
and large, evicted animal
I saw but now do not recognize or was never mine.

Like seeing one's lover, if in his eyes
there's an immediate desire to drink one another,
to sink into the liquor of a hemorrhage,
perfuming throats with promises and after,
if exhausting the darkness of night allows for it,
to sleep one inside the other,
sated and satisfied.

I must name that tree in which I built my house:
its flowers bloomed completely open.
The scent of eucalyptus, his sperm
as red as blood, was
of such a sap
that it dampened the leaves and the knots,
revealing the birds
in the marshy silo.

Debajo, las raíces.

Anudadas, mis manos
extrajeron del barro tres semillas
para decir al hombre y enmudecer mis plumas.

Para nombrar al árbol
debíamos de tener madera de poetas.

Pero mi madre nada más sabía cuentos:
el de Caperucita o el de los tres cerditos.

Entonces vino el lobo
y comenzó a soplar
sobre mi casa.

Beneath, the roots.

Knotted, my hands
extracted from the mud three seeds
to speak to the man and silence my feathers.

To name the tree
we should have had the hardiness of poets.

But my mother knew nothing save for stories:
that of Little Red Riding Hood or the one with the three little
[pigs

Then the wolf came
and began to blow
upon my house.

.

9

Un día forjé mi casa
con los dulces robados a la abuela
—vieja bruja del cuento
cuando niña.

Sierva de mi memoria, la madre
de mi madre se aparece en las noches
por mi cuarto.
Vuelve a hablarme del lobo
de una bruja
y de aquella manzana
ponzoñosa.

En vez de sentir miedo, le pregunto por Hansel...
y mi abuela contesta: ¡Duérmete ya, malcriada!

9

One day I forged my house
with sweets stolen from grandma—
      the old witch of the storybooks
when I was a girl.

Servant of my memory, the mother of my mother
appears at night
in my room.
She speaks to me again of the wolf,
of a witch,
and of that poisonous
apple.

Instead of feeling fear, I ask her about Hansel...
and my grandmother answers: Go to sleep already, spoiled
                                                      [brat

10

Poco antes de dormirme
decía mamá que el bosque no era un lugar seguro:
No vaya a sucederte lo que a Caperucita...
Dios quiera y no te pierdas como Gretel.

Con un pan de jengibre entre sus manos
con sus orejas sordas a mis ruegos
y sus ojos desviados hacia un cristo
mamá me persignaba noche a noche
después de que rezaba aquellos cuentos
que le enseñó mi abuela
mientras unas migajas caían de sus enormes dientes.

Las guardé, mientras pude.

Como jamás fui al bosque cuando niña
se las di a las palomas.

Hasta ahora que estoy grande
busco, entre los eucaliptos, la casita de azúcar
donde Hansel me espera

con sólo algunas migas por regreso.

10

Shortly before I fell asleep
Mama said that the forest was not a safe place:
We wouldn't want what happened to Little Red Riding Hood to
                                            [happen to you...
May it be God's will you don't lose yourself like Gretel.

With a gingerbread between her hands,
with her ears deaf to my entreaties,
with her eyes turned away toward some Christ,
Mama marked the crucifix over me night after night,
after praying those stories
that my grandmother taught her,
while some crumbs fell from her enormous teeth.

I kept them, as long as I could.

Since I never went into the forest as a girl
I gave them to the pigeons.

Even now when I am grown
I search, among the eucalyptus trees, for the gingerbread house
where Hansel waits for me

with just some crumbs as the way back.

11

Con un beso desencantaste a la mujer de la manzana.

Del descarrilamiento del migajón de
espera y levadura, fugitivos del bosque
regresamos a casa.

A nadie hay que decirle que encerramos
a la bruja del cuento en un horno encendido.

Ni que el lobo, con disfraz de cordero
quedó crucificado en una iglesia.

Volvemos de la mano.

Tú: molino de vapor, caña de azúcar.
Espín entre el oxígeno e hidrógeno
me uniste y separaste
de la tierra. Ancho
de fe, robusto de palabras.

Ah, qué tanto tu amor y mi consuelo.

Yo: agua tras un cristal o gota ardida
gas elevado para intentar la lluvia y los ciclones
iceberg, copo, rocío...
pero jamás torrente.

Ninguno de los dos amaba el árbol.

No más ogros del bosque
cuando yo quiera un príncipe.

No mamá con sus rezos
 (¡uy, el lobo!)
ni mi abuela y sus pócimas

11

With a kiss you disenchanted the woman with the apple

From the derailment of that oversized crumb
of waiting and yeast, fugitives of the forest,
we return home.

Nobody needs to be told that we locked
the witch from the story in a lit oven.

Nor that the wolf, in sheep's clothing,
was crucified in a church.

We returned holding hands.

You: steam mill, sugar cane.
Particle between oxygen and hydrogen,
you joined to me and separated
from the earth. Broad
in faith, robust in words.

Oh, how large your love and my consolation.

I: water behind a window or heated droplet,
vapor risen to try be rain and cyclones,
iceberg, snowflake, dew...
but never torrent.

Neither of us loved the tree.

Just forest ogres,
when I wanted a prince.

No mother with her prayers
     (oh, the wolf!)
nor my grandmother and her concoctions

de engatuzar al ave.
No más tu amor de hermano
nomás en un murmullo...

Ya no tu amor de padre como herencia.

Amo al hombre.
Calzo, por él, la vida
de mi talla.
Dejo huellas profundas
con muchos más reflejos que una copa de vidrio.

Alacrán donde mi voz pisaba, no más
el antes ni el después.
Vivo el ahora
como si en esto de vivir
no hubiera espacio.

Soy la mujer de pan
(Hansel y Gretel)
la levadura que levanta las nubes
porque llueve;
el horno en que cocino
briznas de astro.

Vuelvo a la vida.

Llora una copa de árbol
su vino tan acedo.

Llueve.

Y esa sed vuelve a mí
añeja y consumida
cuando mis ojos ven lo que olvidaran.

to sweet-talk a bird.
No more your brotherly love
except in a murmur...

No longer your fatherly love
as an inheritance.

I love the man.
I wore, for him, life
in my own size.
I leave deep footprints
with many more reflections than a glass goblet.

Scorpion where my voice stepped, no more
the before nor the after.
I live the now
as if there were not space
in this business of living.

I am the woman of the bread
    (Hansel and Gretel)
the yeast that raises the clouds
because it rains;
the oven in which I cook
celestial breezes.

I return to life.

A flower's chalice cries
its so-sour wine.

It rains.

And that thirst returns to me,
aged and consumed,
when my eyes see what they forgot.

Y vuelvo el cuerpo a Dios...

                      tan vulnerable.

And I turn my body to God...

                                        so vulnerable.

12

Con Dios me basta
—dije
hace menos de un lustro.
 Me lo colgué en el pecho
y relucía.

En caso de apreturas
en el monte me daban casi treinta monedas.
Eran muchos billetes
por un dije...

Ahora digo que no valía la plata
sino el lustre.
Mis manos
artríticas, rugosas
dan cuenta de mi vida.
Uno a uno, los dedos
han señalado el rumbo, a los culpables;
pidieron la palabra o la otorgaron;
confirman que crecieron
mis asombros.

La punta de los dedos ha de ser mi tesoro
para leer en Borges la ceguera.

Radares ante el mundo
todo lo limpio
y tiento.

Pero es toda la mano la que aferra
o la que impone el alto, la que indica un saludo
cede sitio a los hombres
o acaricia.

Con las manos en cáliz he recibido el vino

12

God is enough for me,
       I said
less than five years ago.
I hung him on my breast
and he shined.

In times of scarcity
on the mountain they gave me almost thirty coins.
They were a lot of bills
for a saying...

Now I say that the money wasn't worth it,
only the five years.
My hands,
arthritic, wrinkled,
tell the story of my life.
One by one, my fingers
have shown the way, to the guilty;
they asked for the word or they gave it;
they confirmed that
my surprises grew.

The tips of my fingers must be my treasure
to read blindness in Borges.

Radars of the world,
I clean and palpate
everything.

But it is the entire hand that I cling to
or that commands a halt, that indicates a greeting,
gives way to men,
or caresses.

With my cupped hands I have received the wine

que luego fue a mi boca.

Y unidas, más que nunca, doy las gracias
por el fin de una lenta, larguísima, jornada
si amanezco.

Azul es todo el cielo de las uvas.

Mano a mano
el viaje con mi sombra no concluye.
Es la mano de Dios, tendida, franca
la que comienza el mundo
que desando.

Igual es la vejez: capa del tiempo
viñedo de la alguna vez hoja
musgo de la llovizna.

¿Cuántos dedos me faltan para concluir la ruta?

Con el cuerpo de Dios no es suficiente.
Todavía son mis manos dos
asombros. Y cada dedo mío
le pertenece.

Con su nombre me basta

para saciar el hambre.

that later went to my mouth.

And brought together, I give thanks, more than ever,
for the end of a slow, very long, day
if I dawn.

The entire sky of the grapes is blue.

Hand to hand,
the journey with my shadow doesn't end.
It is the hand of God, stretched out, bountiful,
which begins the world
that I retrace.

Perhaps it is old age: layer of time,
vineyard of the once leaf,
moss of the mist.

How many fingers am I missing to complete the route?

With the body of God it is not enough.
My hands are still two
wonders. And every finger of mine
belongs to Him.

His mere name is enough

to satisfy my hunger.

13

En la ebriedad de Dios nos resecamos.
Con su nombre a la mano
—dije —
escribo.

Ya no más esa letra mayúscula
            ilegible
esa oración extensa   dolorosa
de un vino azucarado en las arterias
y un quedarse a morar en el vinagre.

No más el goterón de piel y fósforo
que expande sobre la hoja sus incendios.

No la bala perdida.
No el revólver.

Azul es el veneno de la tinta.
Rojísima la pólvora en la carne.

La vena cava.
Profundo viaje al centro de uno mismo
la escritura del ser
es una borrachera interminable.

Nunca más
la navaja de Ockham
sobre el rostro de Dios
para saber

            que existe.

13

Inebriated with God we dry out.
With his name at hand
      (I said)
I write.

No longer is that capital letter
         illegible
that long oration   dolorous
of a sweetened wine in the veins
and a remaining to dwell in the vinegar.

No longer the large raindrops of skin and phosphorous
which spread their flames upon the page.

Nor the lost bullet.
Nor the revolver.

Blue is the poison of the ink.
Oh-so-red the gunpowder in the flesh.

The vein digs.
Deep journey into the center of oneself
the writing of the self
is an interminable intoxication.

Never again
Occam's razor
upon God's face
to know

      that He exists.

14

Eva y Adán tomaron una vid para ocultarse.
Como el nombre de Dios nunca debe decirse
en forma inversa
para no descrear lo que por Él fue creado
Eva no ha podido ser ave...
Adán no ha podido hacer nada.

Porque no está en las uvas el prohibido saber
de la manzana.

Lejos ya de mis padres adoptivos, huérfana
de lo que en mí no crea
late en mi pecho una esplendente vid de grandes hojas
madre, a su vez, de un vástago de dulce
aroma y pulpa.

Ese fruto sagrado del poema quizá no va a salvarme pero
exprime hasta la última gota de mis dedos.

Ha vuelto el agua a aligerar la sangre
a deshacer el polvo
y la ceniza.

Rojísima es la sangre de los vivos.

14

Eve and Adam took a grape leaf to hide themselves.
As the name of God should never be said
backwards
to not un-create what was created by Him
Eve could not be a bird...*
Adam was not able to do nothing.

Because grapes do not contain the forbidden knowledge
of the apple.

Far now from my adoptive parents, orphan
of what in me doesn't create,
there beats in my chest a resplendent large-leafed vine,
mother, in its turn, of an offshoot with sweet
scent and pulp.

That sacred fruit of the poem perhaps won't save me
but it squeezes the very last drop from my fingers.

The water has returned to lighten the blood,
to undo the dust
and the ash.

Oh so red is the blood of the living.

---

*Translator's note: in Spanish, "Eva" spelled backwards is "ave" (i.e. bird).
"Adán" spelled backwards is "nada" (i.e. nothingness)

15

No se dirija a mí como si el polvo
colmara ya su plato de lentejas.
Obsérveme a los ojos
y responda: cuántas mujeres caben donde mira.
No pueden ser en número de tantas.

Si acaso usté recuerda
es porque la navaja de rasurar ha tocado su cuello
en varias ocasiones.
Para ustedes, el ser arrendatarios
es una tradición que está de moda.

Quienes son como yo
apenas y pedimos la posada
y ya ustedes se vendan (y nos compran) de los ojos toman su
grueso palo
y dan directo al cuerpo.

Algunas, como yo, tienen por toda finca sus huesos
y cartílagos.
A punto del desastre, nos llega una demanda
que suelta nuestro llanto entre los lavaderos.

Nos quitaron la casa.

Después de conciliar nuestros cimientos
de cederles la cal, unos sacos de harina
o algún tornillo suelto en la cabeza
reconcilian su sueño
mientras otras mujeres
se pelean el jabón
o el placer de colgar de sus camisas.

15

Don't address me as if the dust
already overflowed your plate of lentils.
Look me in the eyes
and answer: how many women fit where I look.
They cannot be so many in number.

If perhaps you remember
it is because the shaving knife has touched your neck
on various occasions.
For you, being tenants
is a fashionable tradition.

As soon as those who are like me
we ask for the inn
then you veil your eyes (and avail us),
taking your thick stick
and hitting the body directly.

Some women, like myself, have their bones and ligaments
scattered throughout the home.
On the verge of the disaster, we receive a notice
that unleashes our wails amid the laundry.

They took away our home.

After reconciling our foundations,
after granting them lime, some sacks of flour
or a loose screw in the head,
they sleep soundly
while other women
fight for the soap
or the pleasure of hanging from their shirts.

En esta vecindad
un solo baño no forma un escondite suficiente.
Del ropero, ni hablar
allí duerme la abuela desde nuestros desvelos.
¿La cocina? ¡Señor!
Se ve que su mujer prepara sus cocteles
en el autoservicio.

Figúrese que en la televisión
unas chicas muy monas nos sugieren
que por ser Navidad
les pasemos un brazo por el hombro a nuestras hijas. Si las
llevo cargando, ¿con qué brazo las suelto?

No haga caso, señor: son las telenovelas
las que me han dado idea de la muerte.
Aquí no hay otra cosa: no vendemos migajas...
El pan que nos comemos se le cayó al casero
de la renta pendiente.

Ya no le voy a abrir, hágame usté el desahucio.
¿Qué me van a quitar?
¿Mis hijas?
    Hasta su propio padre me las deja...
¿La cama?
    No la utilizo en años...
¿Mi retrato de bodas?
    Es un espejo roto.

Haga usted su inventario
tome asiento, si quiere.
Nomás no se le ocurra decir que estoy borracha.
Ésa, señor
es hoy mi única herencia. Y nadie, ¿me oye usté?
por muy catrín
que vista me va a dejar
sin nada.

In this neighborhood,
a single bathroom is not enough of a hiding place.
And as for the wardrobe, forget about it,
grandmother sleeps there since our insomnia began.
The kitchen? Oh Lord!
Obviously the wife prepares the cocktails
in the self-service.

Imagine that on television
some very pretty girls suggest
that because it's Christmas
we place an arm over our daughters' shoulders.
But if I'm carrying them, with what arm shall I let go?

Don't mind me: it's soap operas
that have given me an idea about death.
Here there is nothing else: we don't sell crumbs...
The bread we eat tumbled down from the landlord
from the rent owed.

I am not going to open the door for you, evict me
What are they going to take away from me? [yourself
My daughters?
      Even their own father leaves them to me...
The bed?
      I haven't used it in years...
My wedding portrait?
      It's a broken mirror.

Take your inventory,
have a seat if you want.
But don't you dare say that I'm drunk.
That, sir, is my sole inheritance today.
And no one, do you hear me?
No matter how snazzily they dress
is going to leave me
with nothing.

16

Mi hija mayor escribe;
lo hace como se debe: con sobriedad y miedo.

El miedo, entre nosotras
es algo hereditario, igual que la diabetes.

Por eso en nuestra casa
prohibimos la dulzura como cuestión de peso.

Cuidamos la silueta
como si fuese un dogma: con fe, con pan y vino.

Yo bebo, día con día
 para que no me escuche decirle cuánto la amo.

Y no podría escribirle
por tener que estar sobria... así como se debe.

16

My eldest daughter writes;
she does so as she should: with sobriety and fear.

Fear, among us
is a hereditary thing, just like diabetes.

That's why in our house
we forbid sweetness as a question of weight.

We watch our figures
as if it were a dogma: with faith, with bread and wine.

I drink, day after day,
so she doesn't hear me tell her how much I love her.

And I couldn't write to her
because I would need to be sober... as one should be.

17

Sed
—nos decía mi madre a sus tres hijas
perfectas.

Sed
—les dije a mis tres hijas
si tomaba.

La voz, la sal, la tierra, la poesía:
sed
       perfecta.

¿En dónde la mujer cuando ama tanto?

17

Thirst—
 my mother told her three perfect
daughters.

Thirst—
 I said to my three daughters
if they drank.

Voice, salt, earth, poetry:
perfect
 thirst.

And where a woman when she loves so much?

18

El vino fue del hombre.
El pan se hizo en mi cuerpo.

Nos unimos.

¿En quién la luz, para mirar sus ojos en mis ojos?

En el hombre, los ojos son hojas de los árboles
el bosque levantado en la marisma;
un mirar hacia fuera de la casa
adonde todo es mundo.

Para el hombre, la sed
es una enfermedad
sin vuelta de hoja.

Las mujeres miramos hacia nosotras mismas:
y con ese humor vítreo, seco, después
que somos madres
vemos como hijo al hombre que una vez amamos
y quisiéramos verlo en nuestro vientre.

Lo expulsamos de aquel su paraíso
desnudo y solitario.

Somos la madre Dios que culpa a la manzana
de todos los pecados de la carne.

Le negamos mujer
y si él la encuentra
— por azares del pan —
inventamos el vino, que es el gran distractor
de los amores.

18

The wine was the man's.
The bread was made in my body.

We joined.

Within whom the light, for his eyes to look into my
                                                        [eyes?
In the man, the eyes are the leaves of trees,
the forest rising in the salt marsh;
a looking outward from the house
where everything is world.

For the man, the thirst
is a sickness,
no two ways about it.

We women look toward ourselves:
and with that vitreous humor, dry, after
we are mothers
we see as a child the man that we once loved
and wished to see in our womb.

We expel them from their paradise,
naked and alone.

We are the mother God who blames the apple
for all the sins of the flesh.

We deny him woman
and if he finds her
      (through luck of the bread)
we invent wine, which is the great distracter
of loves.

Bebemos
y ese pisar las uvas
anula aquel saber de la manzana.

No querríamos querer, pero quisimos.
Y son estos recuerdos los que al amar nos matan.

Yo lo sabía de siempre:
en el hombre los ojos son una bocanada de tabaco;
en nosotras, el cáncer.

Vivimos —por lo menos yo vivo   esto que llamo vida-
el humo del papel y los extinguidores.
Vive en mí un corazón
que acompasa su infarto con las horas
una abeja exiliada de su panal de reina
un torrente de miel en una garra.

Ya sabía del embargo de mis muebles
de las letras vencidas de mis primeros libros.
¿Y para qué los ojos, tan puestos en el hombre
si nunca me miraba?

Había tanto que ver, que enceguecía.
A punta de bastón me abrí camino. Aullaban
mis encías, tropezando
con Dios en mi garganta.
Pero dije que no: no tenía que morirme
tan miserablemente; no a gotas, no a sorbos
no a tantísimo trago por las noches.
Si yo debía morir, que fuera en la mañana
con Dios como testigo.

We drink
and that treading of grapes
annuls that knowledge of the apple.

We didn't want to love, but we loved.
And these memories are what, in loving, kills us.

I always knew this:
in men, eyes are a mouthful of tobacco;
in us, the cancer.

We live
      (at least I live   this thing I call life)
the smoke of the paper and the extinguishers.
Within me lives a heart
that marks the rhythm of its attack by the hours,
a bee exiled from it's queen's comb,
a stream of honey in a claw.

I already knew about the embargo of my furniture
and the past-due notices of my first books.
And what use are those eyes, so handsome on the man,
if they never look at me?

There was so much to see, that I was blinded.
With the tip of a cane I opened the path. My gums
howled, colliding
with God in my throat.
But he said no: I didn't need to die
so miserably; not by drops, not in sips,
not by so many glasses drunk at night.
If I had to die, let it be in the morning
with God as my witness.

La luz del día siguiente abrió mis ojos
y pude ver mi cara abotagada
estos ojos hinchados de mirar mi diabetes, mi boca
pronunciando
como en una mentira
lo del cáncer.

Dios no dormía en mi cuarto.
Dios era Dios

entonces vino el vino.
Llamé sed a mis ojos y llamearon

Así supe del humo, de los extinguidores
que una vez tuvo mi hija
entre sus lágrimas.

¿De dónde vino el vino?, fue su única pregunta.
Yo no lo supe entonces.

El vino no venía de la sed, sino del cuerpo.

Y la sed me llegaba del alma.

The light of the following day I opened my eyes
and I could see my bloated face,
those eyes swollen from looking at my diabetes, my
speaking   [mouth
like in a lie
about the cancer.

God didn't sleep in my room.
God was God

then came the wine.
I called thirst to my eyes and they blazed.

That's how I learned about the smoke, the extinguishers
my daughter once found
between her tears.

Where did the wine come from? was her only question.
I didn't know then.

The wine didn't come from the thirst, but from the body.

And the thirst came to me from the soul.

19

No quisiera morirme
de mentiras
quedar en polvo y vino
para siempre
ceniza de mi madre
y con el hombre
hielo
bitácora inconclusa
donde el alba.

A dónde...

A rastras
de un poema
a riesgo
de mi nombre
vuelto sílabas...

Me di.
Nada faltó en la viña del Señor
que no bebiese.

Nada dejé por prenda
porque salí desnuda
      (los policías dijeron
que con mi alma
de abrigo).

Del rencor hice un texto
que aprendí de memoria.

19

I didn't want to die
from lies
remaining in dust and wine
forever
ash of my mother
and with the man
ice
unfinished log
where the dawn lies.

Where to....

Dragged
from a poem
at the risk
of my name
become syllables...

I gave myself.
There was nothing in the vineyard of the Lord
that I didn't drink.

I left nothing as a down payment
because I went out naked
      (the police said
with my soul
for a coat).

From my bitterness I made a text
I learned by heart.

Lo leí a mis amigas
luego a mis contrincantes
y al fin sola.

Cuándo...

Me amé
por parecida a Dios

pero era atea.

I read it to my women friends,
then to my rivals,
and in the end alone.

When....

I loved myself
for my likeness to God

but I was an atheist.

20

Renaceré otro diciembre, con otra madre
y tres hijas
en una ciudad de dulce donde yo quepa
también.
Me amasaré otro incansable corazón
de pan y vino
con mis rodillas peladas de tanto ir
y no volver.
Comenzaré de las uvas de un mercado
conocido
de los dulces y el tabaco que alimentaron
mi piel.
Regresaré para amarme en este cuerpo
cualquiera
las veces que me haga falta sentir que soy
mi mujer.
Y olvidaré todo el vino en que me he hecho
tanto daño...
y me amaré como un hombre nunca amará
a una mujer.

Cfr. "Preludio para el año 3001" (Ferrer-Piazzolla), del CD Tangos, de Eugenia León (La voz de la sirena, 1995).

20

I will be reborn another December, with another mother
and three daughters
in a city of sweetness where I
also fit.
I will knead myself another untiring heart
of bread and wine,
my knees tattered from so much going
and not returning.
I will begin from the grapes of a market
known
for its sweets and the tobacco that fed
my skin.
I shall return to love myself in this ordinary
body
as often as it takes for me to feel that I am
my own woman.
And I shall forget all the wine in which I've done
so much hurt...
and I will love myself like a man would never love
a woman.

Cfr. *"Preludio para el año 3001"* (Ferrer-Piazzolla), from the CD *Tangos*, by Eugenia León (La voz de la sirena, 1995).

21

   Viene el rumor el polvo
por una vez
        la esquirla
una acequia
        colmada a borbotones
un corazón
        zureando en el alero
el germinal sonido
        de la risa.

Pongo el sol en mi mano cuando escribo. Todo crece:
los árboles se agrupan en manadas y van mugiendo
azules los riachuelos.
Creyente de la luz, me dirijo a la hoguera de lo que fue
mi vida. ¿A qué Auschwitz interrogo
si es que callo? Descubro mis humores, luego
miro cómo crepita Dios entre las uvas.

21

        The sound the dust comes
at last
        the splinter
a ditch
        overflowing in a rush
a heart
        cooing in the eaves
the germinal sound
        of laughter.

I place the sun in my hand when I write. Everything grows:
the trees gather in bands and the little rivers
growl blue.
Believer in the light, I aim toward the bonfire of what my life
was. Which Auschwitz do I interrogate
if I am quiet? I discover my humors, then
watch how God crackles between the grapes.

22

    El relámpago
llega desde arriba
      buitre
acechando
      con rapidez
para habitar la noche
      la llena de cocuyos
tal vez le dice zarza
      repitiendo
voluta tras voluta
      los dones del tabaco.

Cuando yo sea mi sed, los árboles que agite
se enraizarán de nuevo a mis palomas. Irrumpiré
ante Dios, en su mirada
para que vea por siempre donde piso. Crecido
el pasto, no faltarán los surcos en donde el hombre plante la
semilla para las nuevas vides.

22

       The lightning
comes from above,
       vulture
prowling
       quickly
to inhabit the night,
       filling it with fireflies,
perhaps saying bush,
       repeating,
spiral after spiral,
       the gifts of tobacco.

When I am my thirst, the rustling trees
will again put down roots for my doves. I shall burst
before God, in his gaze,
for him to always see where I step. Once the grass
grows, there won't be a lack of furrows in which man
may plant the seeds for the new vines.

23

   Viene el amor la carne
por otra vez
   el hombre
radiante de volver
   su corazón
detiene sus latidos
   con los ojos
flotando
   sin movimiento alguno
en el poema.

Comienza el universo. Mis ojos me devuelven
a mi lugar de origen. Me digo: bienvenida
con esa lentitud de nuevo
nazco.

23

        Love flesh comes
once again
        the man
radiant from returning
        his heart
stops its beating
        with eyes
floating
        without any movement
in the poem.

The universe begins. My eyes bring me back
to my place of origin. I tell myself: welcome
with that slowness again
I am born.

24

Regreso a casa
digo
sin muebles, sin mis hijas
pero a casa.

No me quiero morir
de ningún modo.
Lo reitero, lo asumo.
Me permito
mujer
aunque esté sola.

Vengo a vivir mi vida.
Menos ebria que ayer
con más recursos.

Regreso a casa
nueva
reconstruidos mi vientre y mi destino.

Un tanto herida, sí:

pero avanzando.

24

I return home
I say
without furniture, without my daughters,
but home.

I don't want to die
in any case.
I repeat it, I assume it.
I let myself
be woman
despite being alone.

I come to live my life.
Less drunk than yesterday,
with more resources.

I return home,
new,
my womb and my fate reconstructed.

A little wounded, yes:

but moving forward.

Epílogo

*Un día uno se va y no vuelve,
gimotea hasta quebrarse en el espejo oscuro.
Un día uno le da en la madre a la luna
y a esas cosas, se da cuenta que ha perdido,
que siempre anduvo perdido, y que el amor
en estos tiempos es un estado de ánimo,
un afluente, una estrella que cae y se pierde
en el ojo morboso de la noche.*

Silvia Tomasa Rivera

Epilogue

*One day one goes away and doesn't return,
whining until shattering in the dark mirror.
One day one wails away at the moon
and while at it, realizes what has been lost,
that one has always been lost, and that love
in these times is a state of mind,
a tributary, a star that falls and is lost
in night's morbid eye.*

                                  Silvia Tomasa Rivera

DELIRIUM TREMENS

Esta mañana no reconozco las noches anteriores.
Aguardo mis pecados.
Aprendo a suspender el grito de una cuerda
y a morir en prisión por mis palabras.
La mitad de mi vida he estado en las mazmorras;
la otra mitad, adentro de mi madre.
No sé ni cuál mitad fue placentera
ni en cuál sufrí de parto.
Mi madre me maldijo tantas veces
que descrecí para que no cupieran sus anhelos
en mi boca.
Dos horas sellándome los huesos a cal viva...
Nueve meses cumplí de penitencia...
Cuarenta años de vida
condenada al ayuno.

Yo cupe en una gota de semen inviolable.
De mi frágil memoria rescato el abandono
que marcó mi estatura;
el sudario que mi madre restaura
y mis doscientos huesos.
También sé que mañana habrá una nueva arruga
en el espejo
que no me pertenece
También Dios me vigila mientras sueño:
por si confieso un crimen en mi contra
por si ventilo el odio en mis orines
por si denuncio enanos que quisieran volar.
Que quienes sepan, hablen
crezcan su grito a tiempo
o se suiciden.

¿A dónde apuntas las ojivas de tu rostro, forastero?
Yo blando el horizonte hasta donde supuse
de mi infancia.
Juré por mis enjambres en cada picadura

This morning I don't recognize the previous nights.
I await my sins.
I learn to suspend a scream from a rope
and to die in prison for my words.
Half my life I've been in dungeons;
the other half, inside my mother.
I don't know which half was more pleasurable
nor in which I suffered from childbirth.
My mother cursed me so many times
that I shrank so that her desires didn't fit
in my mouth.
Two hours sealing my bones in quicklime...
Nine months I served in penitence...
Forty years of life
condemned to fasting.

I fit in a droplet of inviolable semen.
From my fragile memory I rescue the abandonment
that marked my height;
the shroud that my mother restores
and my two hundred bones.
I also know that tomorrow there will be a new wrinkle
in the mirror
that doesn't belong to me.
God also watches me while I dream:
in case I confess a crime against myself,
in case I spew forth the hate in my urine,
in case I denounce dwarves who wished to fly.
Those who know, speak
grow their shout in time
or they commit suicide.

Where do you aim the ogives of your face, stranger?
I blandish the horizon as far as I knew
of my childhood.
I swore by my swarms in every bee-sting

y nunca hallé a la reina.
La misma arcilla y polen quisiera entre los ojos
para acallar la muerte...
mi ancianidad a menos prevenida
tu juventud a gotas acarreada.
Te propongo mi edad como otro contrincante.
Úngeme tus harapos, cambiemos las sonrisas
vístete mis arrugas, demuéstrame tus llagas.

Pedir clemencia no incluye arrepentirse
y no nos perdonamos haber nacido juntos
desde la misma madre.
Mírate libre de la atadura al verbo.
Ahoga a la palabra por sí sola.
Zurcir una sonrisa no nos remedia el rostro.
Llueve sobre mi patria de relámpagos.
Soy yo: deponiendo las armas a la tierra.
Soy tú: anteponiendo el miedo a la sospecha.
A mí jamás me prometieron un milagro.
Soy mi propio profeta.
Llevo polen de sangre entre los dientes.
Los pendientes del diablo en cada oreja.
La sonrisa de Dios por conclusión del mundo.
Mi edad como poder a ultranza.
Y un corazón tan grande
que no lo he recorrido en sus rincones.

Amo a los asesinos que se me parecen.
Robo papel para escribir los versos
que mis hijas se dirán a escondidas.
Fumo nubes mientras desangro a un ave:
un ángel arrojado del cielo a ensimismarse
en el infierno prometido.
Soy el bufón que vendió risotadas
por denarios.

and never found the queen.
I yearned for the same clay and pollen between the eyes
to silence death...
my old age at least foreseen,
your youth carried in droplets.
I offer you my age as another opponent.
Anoint me with your rags, let us exchange smiles,
dress in my wrinkles, show me your wounds.

Asking for mercy doesn't include repentance
and we don't forgive ourselves having been born together
from the same mother.
Look at you, free from the ties to the verb.
Smother the word by itself.
Mending a smile doesn't repair our faces.
It rains upon my fatherland of lightning.
I am myself: laying down arms onto the earth.
I am you: putting fear ahead of suspicion.
They never promised me a miracle.
I am my own prophet.
I carry blood pollen between my teeth.
The devil's earrings in each ear.
God's smile that the world ends.
My age as relentless power.
And a heart so vast
that I haven't explored all its corners.

I love the assassins who look like me.
I steal paper to write the verses
that my daughters will say in secret to each other.
I smoke clouds while I drain a bird of blood:
an angel thrown from the sky to lose itself
in the promised hell.
I am the fool who sold guffaws
for dinars.

Un gigantesco Cristo que no quiso crecer
a costa del tumulto.

Amo al ladrón que no deja la cruz para saciar
su esfínter.
Lo acuso por su boca:
no me lavo las manos por ninguno.
Las veces que lo he llamado «Padre»
negué multiplicar el pan que le faltó a mi boca.
Me llené de mentiras a la fuerza y
creí que era dulce
de tanto masticarme bajo tierra.

Ahora que me quedo sin lengua, les pregunto desde
mi silla de los remordimientos:
¿seguiremos jugando al escondite
si todavía poseo una escopeta entre las piernas y
aún no grito?

Yo no daría mi cruz por ser de nuevo virgen. Esa
cruz de juguete que tú me regalaste.
Entregaría mi miedo, que es todo y suficiente.
Y todavía soy el infierno del infierno.
Los ojos se me paran en el llanto.
En el punto muerto.
En el muerto...
y punto.

Sólo a ti, que fabricaste mi rostro y sus cenizas
vuelvo con voz de niña
a contar que he engordado nada más de gusanos.

A gigantic Christ that didn't want to grow
at the expense of the crowd.

I love the thief who doesn't abandon the cross
to satisfy his sphincter.
I accuse him through his mouth:
I don't wash my hands for anyone.
The times I've called him "Father"
I refused to multiply the bread my mouth needed.
I filled myself with lies by force
and thought that it was sweet
from so much chewing myself under the earth.

Now that I've lost my tongue, I ask them
from my seat of remorses:
will we continue playing hide-and-seek
if I still possess a shotgun between my legs
and still don't shout?

I wouldn't give my cross to be a virgin again.
That toy cross that you gave to me.
I would surrender my fear, which is everything and is enough.
And still I am the inferno of infernos.
My eyes stop mid-cry.
Deadlocked.
In death...
and that's it.

Only to you, who created my face and its ashes,
do I return with a girl's voice
to tell that I have fattened nothing but worms.

Sólo a ti, porque entre los que me aman y detestan
   —la mueca más oscura, la injuria interminable—
tomaré de su historia oficio de verdugo

Séame hecha tu justicia, padre enano.
Deja sentarme en tu trono de acusado por soberbia. Hay
demasiado azoro en nuestras vidas.
Nos volvemos desiertos.
Aquí yacen los pájaros agónicos de mi alma. Aquí vigilas,
mi buitre redivivo.

Ora pro nobis, madre:
no planches mis arrugas siempre eternas.
Ponte de puntas
y bésame la frente.
Incendia esos tus ojos de papel con mis residuos y vete a
descansar de tus errores.
Incúlcame la rabia de familia.
Pago con sangre, mes a mes, la renta de tu vientre. Abre
las piernas para que me dirijas.
Permíteme llegar novicia al claustro.

Nunca diré perdón: tiene un acento obsceno esa
palabra...
quizá lo cotidiano de saber bien morir.

El poeta es un gallo que no canta tres veces.
Yo he cantado de más los espolones
la navaja que me persigna el día
la noche, el despuntar y sus
astillas.

Only to you, because among those who love and detest
(the darkest expression, the interminable slander) [me
I will take in their stories the role of executioner.

May your justice be done to me, father dwarf.
Let me sit on your throne for those accused of pride.
There is too much flustering in our lives.
We become deserts.
Here lie the agonic birds of my soul.
Here you keep watch, my resuscitated vulture.

Ora pro nobis, mother:
don't iron my always-eternal wrinkles.
Stand on your tiptoes
and kiss my forehead.
Burn your paper eyes with my remains
and go rest from your mistakes.
Instill in me the family rage.
I pay in blood, month after month, the rent of your womb.
Open your legs so that you can lead me.
Let me come to the cloister a novitiate.

I will never say forgive me: it has an obscene accent
that word...
perhaps the ordinariness of knowing well how to die.

The poet is a cock that doesn't crow three times.
I have crowed too much the spurs,
the knife day uses to mark the crucifix over me,
the night, the breaking
and its splinters.

Si en la hora de nuestra hora les suplicara
no regresen, si no es con mi palabra de [«auxilio»
antemano
Denme la suya, como si me
pagaran por hacerlos reír.

Ora pro nobis vino: porque la muerte llama.

Ora pro nobis alas: por el relato trunco
de mi boca bendita.
Ora pro nobis fuego: idioma que tallamos los enanos.
Me visto la sotana con un rosario nuevo:
de lunas y de soles.
Lo invento, me acuerdo de mis padres y lo
desdigo hasta la gran mentira.

Ésta es la biografía que no he contado a
nadie pero que se ata a otras contadas
contra mí contra los días en que perdí mi
nombre disuelto en tantas hostias
en que la extremaunción mi edad no presagiaba.
Enterré con mi vientre el cordón
umbilical de lo que soy ahora
esta expósita historia de
profeta mis criptas recorridas
al hallazgo nonata.

Mi sueño de ser madre en un lecho
mayor no se ha cumplido.
No hay humedad más ácida que el
nombre de una poeta.
Hay una sola edad que no perdona
nunca. Por favor, señor juez:
Repite tu pregunta
y perdona.

If in the hour of death I should beg for "help"
don't return, unless it's with my word
beforehand.
Give me yours, as if
in payment for making you laugh.

Ora pro nobis wine: because death calls.

Ora pro nobis wings: for the incomplete story
of my blessed mouth.
Ora pro nobis flame: language that we dwarves carve.
I dress the cassock with a new rosary:
of moons and suns.
I invent it, I remember my parents and I un-say it
back to the great lie.

This is the biography that I have not told anyone
but which ties itself to others told against me,
against the days in which I lost my name,
dissolved in so many beatings
in which my age didn't foresee extreme unction.
I buried with my womb the umbilical cord
of what I am now,
this exposed history of prophet;
my crypts traversed on the unborn
discovery.

My dream of being mother in a greater bed
has not come true.
There is no dampness more acid than the name
of a poet.
There is a single age that never forgives.
Please, sir judge:
repeat your question...
and forgive.

Ni cruz ni infancia bastan para quebrar el miedo.
Porque he nacido intento y quiero desmentirme
dicen que soy suicida.
Y vean mi inmolación en las palabras.
Ahora nómbrame Dios.
Mañana arrancarás tu corazón arrepentido
y te cabrá en el puño.
La única diferencia entre tú, yo y mi madre
radica en las palabras.
Yo no debo decir: Dios te perdone.
Sé perdonar...
No quiero.

Si me esperabas, de acuerdo a mi escritura
ya puedes exprimirte la memoria:
porque morí yo sola
no naceré
de ti.

Neither cross nor childhood are enough to break the fear
Because I was born, I try and wish to refute myself,
they say that I am suicidal.
And they see my immolation in words.
Now name God for me.
Tomorrow you'll tear out your heart in repentance
and your fist will fit in the hole.
The only difference between you, me, and my mother
lies in the words.
I shouldn't say: God forgive you.
I know how to forgive....
I don't want to.

If you were waiting for me, in accordance with my
you can now rack your memory: [writing
because I died I alone
I won't be born
of you.

SOBRE EL AUTOR

Luis Armenta Malpica (Ciudad de México, 1961) radica en Guadalajara, Jalisco, México, desde 1974. Fue miembro del Consejo Estatal para la Cultura y las Artes de Jalisco y es director de Mantis editores. Expremio de Poesía Aguascalientes (1996), Premio Nacional de Poesía Ramón López Velarde (1999), Premio Nacional de Poesía Efraín Huerta (1999), Premio Jalisco en Letras (2008), Premio Nacional de Poesía José Emilio Pacheco (2011), Premio de Poesía en el Certamen Internacional de Literatura Sor Juana Inés de la Cruz (2013), entre muchos otros reconocimientos; por su labor editorial recibió la Pluma de Plata (Patronato de las Fiestas de Octubre), en 2006; en 2014, el premio Nichita Stànescu por la promoción de la literatura rumana contemporánea, durante el Salón Internacional del Libro de Chisinev (capital de la República de Moldavia).

Autor de los poemarios: *Voluntad de la luz* (1996), *Des(as)cendencia* (1999), *Ebriedad de Dios* (2000), *Luz de los otros* (2002), *Ciertos milagros laicos* (2002), *Mundo Nuevo, mar siguiente* (2004), *El cielo más líquido* (2006), *Cuerpo + después* (2010), *Götterdämmerung* (2011), *El agua recobrada, antología poética* (2011), *Envés del agua* (2012), *Papiro de Derveni* (2013) y *Llámenme Ismael* (2014), entre otros.

Su obra ha sido traducida al alemán, árabe, catalán, francés, inglés, italiano, neerlandés, portugués, rumano, ruso y braille.

ABOUT THE AUTHOR

Luis Armenta Malpica (Mexico City, 1961) lives in Guadalajara, Jalisco, Mexico, since 1974. He was a member of the National Council for Culture and the Arts of the state of Jalisco and is director of Mantis Publishing House. He won the Aguascalientes Poetry Prize (1996), the Ramón López Velarde National Poetry Prize (1999), the Efraín Huerta National Poetry Prize (1999), the Jalisco Award of Letters (2008), the José Emilio Pacheco National Poetry Prize (2011) and the Poetry Prize in the Sor Juana Inés de la Cruz International Competition (2013), among many other recognitions; for his editorial work he received the Silver Pen (Patronato of the Fiestas de Octubre), in 2006 and in 2014, the Nichita Stanescu Award for the promotion of contemporary Romanian literature during the International Book Fair Chisinev (capital of the Republic of Moldova).

He is the author of the following poetry books: *Voluntad de la luz* (1996), *Des(as)cendencia* (1999), *Ebriedad de Dios* (2000), *Luz de los otros* (2002), *Ciertos milagros laicos* (2002), *Mundo Nuevo, mar siguiente* (2004), *El cielo más líquido* (2006), *Cuerpo + después* (2010), *Götterdämmerung* (2011), *El agua recobrada, antología poética* (2011), *Envés del agua* (2012), *Papiro de Derveni* (2013) y *Llámenme Ismael* (2014), entre otros.

His work has been translated into Arabic, Catalan, French, Italian, Dutch, Portuguese, Romanian, Russian and Braille.

SOBRE EL TRADUCTOR

Lawrence Schimel escribe en español e inglés y ha publicado más de 100 libros en muchos géneros diferentes- incluyendo ficción, poesía, no ficción y cómics - tanto para niños como para adultos. Es autor de los poemarios *Desayuno en la cama* (Egales), *Fairy Tales for Writers* (Midsummer Night's Press), y *Deleted Names* (Midsummer Night's Press), cuatro colecciones de cuentos; una novela gráfica; y muchos libros para niños. Su libro ilustrado *No hay nada como el original* (Destino) fue seleccionada por la Biblioteca Internacional de la Juventud en Muich para el premio White Ravens 2005 y sus libros ilustrados *¿Lees un libro conmigo?* (Panamericana) e *Igual que ellos / Just Like Them* (Ediciones del Viento) fueron seleccionados por IBBY como Libros Excepcionales para Jóvenes con Discapacidades en 2007 y 2013 respectivamente. También ha ganado el Premio Lambda Literary (dos veces), el Premio Independent Publisher, el Premio Spectrum, y ha recibido muchos otros reconocimientos. Sus escritos han sido traducidos al euskera, catalán, croata, checo, holandés, Inglés, esperanto, estonio, finés, francés, gallego, alemán, griego, húngaro, islandés, indonesio, italiano, japonés, coreano, maltés, polaco, portugués, rumano, ruso, serbio, eslovaco, esloveno, español, turco y ucraniano.

Originario de la ciudad de Nueva York, vive en Madrid, España desde enero de 1999, donde trabaja como traductor español-inglés. Ha publicado traducciones de poemas de Luis Armenta Malpica, Jeannette L. Clariond, Vicente Molina Foix, Luis Aguilar, Luis Antonio de Villena, Care Santos, Jordi Doce, Anna Lidia Vega Serova, y Miguel Maldonado, entre muchos otros poetas, así como ficción de autores como Javier Malpica, Ricardo Chávez Castañeda, Daniel Krauze, Gerardo Piña y Alberto Chimal, entre otros.

ABOUT THE TRANSLATOR

Lawrence Schimel writes in both Spanish and English and has published over 100 books in many different genres—including fiction, poetry, non-fiction, and comics—and for both children and adults. He is the author of the poetry collections *Desayuno en la cama* (Egales), *Fairy Tales for Writers* (A Midsummer Night's Press), and *Deleted Names* (A Midsummer Night's Press); four collections of short stories; one graphic novel; and many books for children. His picture book *No hay nada como el original* (Destino) was selected by the International Youth Library in Muich for the White Ravens 2005 and his picture books *¿Lees un libro conmigo?* (Panamericana) and *Igual que ellos /Just like them* (Ediciones del Viento) were selected by IBBY for Outstanding Books for Young People with Disabilities in 2007 and 2013 respectively. He has also won the Lambda Literary Award (twice), the Independent Publisher Book Award, the Spectrum Award, and other honors. His writings have been translated into Basque, Catalan, Croatian, Czech, Dutch, English, Esperanto, Estonian, Finnish, French, Galician, German, Greek, Hungarian, Icelandic, Indonesian, Italian, Japanese, Korean, Maltese, Polish, Portuguese, Romanian, Russian, Serbian, Slovak, Slovene, Spanish, Turkish, and Ukrainian.
Originally from New York City, he has lived in Madrid, Spain since January of 1999, where he works as a Spanish-English translator. He has published translations of poems by Luis Armenta Malpica, Jeannette L. Clariond, Vicente Molina Foix, Luis Aguilar, Luis Antonio de Villena, Care Santos, Jordi Doce, Anna Lidia Vega Serova, and Miguel Maldonado, among many other poets, as well as fiction by authors such as Javier Malpica, Ricardo Chávez Castañeda, Daniel Krauze, Gerardo Piña, and Alberto Chimal, among others.

LUIS ARMENTA MALPICA

Fotografía: David Soules

INDEX/ÍNDICE

1   p. 8, 9
2   p.14, 15
3   p.18, 19
4   p.20, 21
5   p.22, 23
6   p.24, 25
7   p.28, 29
8   p.32, 33
9   p.36, 37
10 p.38, 39
11 p.40, 41
12 p.46, 47
13 p.50, 51
14 p.52, 53
15 p.54, 55
16 p.58, 59
17 p.60, 61
18 p.62, 63
19 p.68, 69
20 p.72, 73
21 p.74, 75
22 p.76, 77
23 p.78, 79
24 p.80, 81
Epílogo p. 82
Epilogue p. 83
Delirium Tremens p.86, 87
Sobre el Autor p. 98
About the Author p. 99
Sobre el Traductor p. 100
About the Translator p. 101

www.ingramcontent.com/pod-product-compliance
Lightning Source LLC
Chambersburg PA
CBHW051658040426
42446CB00009B/1204